화엄경 제20권 해설

화엄경 제20권에는 제19권에서 다 설하지 못한 10행품 이야기가 나온다.

⑦ 무착행(pp.1~15) ⑧ 난득행(pp.16~32) ⑨ 선법행(pp.32~44)
⑩ 진실행(pp.45~55)

이렇게 10행에 대하여 구체적으로 설한 다음 공덕림보살이 부처님의 위신력으로(59p)

① 법계의 불종성(佛種性)을 끊지 않고

② 보살의 종성을 청정하게 하며

③ 여러 가지 선근을 개연(開演)하기 위해 게송으로 설한다.

"十心敬禮十力尊 ∽ 讚歎稱揚得究竟"(pp.60~118)
하고 말이다.

十(십)行(행)品(품)
第(제)二(이)十(십)一(일)之(지)二(이)

佛(불)子(자)何(하)等(등)爲(위)菩(보)薩(살)摩(마)訶(하)薩(살)
無(무)著(착)行(행)佛(불)子(자)此(차)菩(보)薩(살)以(이)無(무)著(착)
心(심)於(어)念(념)念(념)中(중)能(능)入(입)阿(아)僧(승)祇(기)世(세)
界(계)嚴(엄)淨(정)阿(아)僧(승)祇(기)世(세)界(계)於(어)諸(제)世(세)
界(계)心(심)無(무)所(소)著(착)往(왕)詣(예)阿(아)僧(승)祇(기)諸(제)
如(여)來(래)所(소)恭(공)敬(경)禮(예)拜(배)承(승)事(사)供(공)養(양)

以(이)阿(아)僧(승)祇(기)華(화)阿(아)僧(승)祇(기)香(향)阿(아)僧(승)
祇(기)鬘(만)阿(아)僧(승)祇(기)塗(도)香(향)末(말)香(향)衣(의)服(복)
珍(진)寶(보)幢(당)幡(번)妙(묘)蓋(개)諸(제)莊(장)嚴(엄)具(구)各(각)
阿(아)僧(승)祇(기)以(이)用(용)供(공)養(양)
如(여)是(시)供(공)養(양)爲(위)究(구)竟(경)無(무)作(작)法(법)
故(고)爲(위)住(주)不(불)思(사)議(의)法(법)故(고)於(어)念(념)念(념)
中(중)見(견)無(무)數(수)佛(불)於(어)諸(제)佛(불)所(소)心(심)無(무)

所(소)著(착)於(어)諸(제)佛(불)刹(찰)亦(역)無(무)所(소)著(착)於(어)
佛(불)相(상)好(호)亦(역)無(무)所(소)著(착)見(견)佛(불)光(광)明(명)
聽(청)佛(불)說(설)法(법)亦(역)無(무)所(소)著(착)於(어)十(시)方(방)
世(세)界(계)及(급)佛(불)菩(보)薩(살)所(소)有(유)衆(중)會(회)亦(역)
無(무)所(소)著(착)聽(청)佛(불)法(법)已(이)心(심)生(생)歡(환)喜(희)
志(지)力(력)廣(광)大(대)能(능)攝(섭)能(능)行(행)諸(제)菩(보)薩(살)
行(행)然(연)於(어)佛(불)法(법)亦(역)無(무)所(소)著(착)

此(차)菩(보)薩(살)於(어)不(불)可(가)說(설)劫(겁)見(견)不(불)
可(가)說(설)佛(불)出(출)興(흥)於(어)世(세)一(일)一(일)佛(불)所(소)
承(승)事(사)供(공)養(양)皆(개)悉(실)盡(진)於(어)不(불)可(가)說(설)
劫(겁)心(심)無(무)厭(염)足(족)見(견)佛(불)聞(문)法(법)及(급)見(견)
菩(보)薩(살)衆(중)會(회)莊(장)嚴(엄)皆(개)無(무)所(소)著(착)見(견)
不(부)淨(정)世(세)界(계)亦(역)無(무)憎(증)惡(오)何(하)以(이)故(고)
此(차)菩(보)薩(살)如(여)諸(제)佛(불)法(법)而(이)觀(관)察(찰)故(고)

諸佛法中無垢無淨無暗無
제불법중무구무정무암무

明無異無一無實無妄無安
명무이무일무실무망무안

隱無險難無正道無邪道
은무험난무정도무사도

菩薩如是深入法界教化
보살여시심입법계교화

衆生而於衆生不生執著受
중생이어중생불생집착수

持諸法而於諸法不生執著
지제법이어제법불생집착

發菩提心住於佛住而於佛
발보리심주어불주이어불

住不生執著雖有言說而於
주불생집착수유언설이어

言說心無所著入衆生趣於
언설심무소착입중생취어

衆生趣心無所著了知三昧
중생취심무소착요지삼매

能入能住而於三昧心無所
능입능주이어삼매심무소

著往詣無量諸佛國土若入
착왕예무량제불국토약입

若見若於中住而於佛土心
약견약어중주이어불토심

無所著捨去之時亦無顧戀
무소착사거지시역무고련

菩薩摩訶薩以能如是無 (보살마하살이능여시무)
所著故於佛法中心無障礙 (소착고어불법중심무장애)
了佛菩提證法毘尼住佛正 (료불보리증법비니주불정)
教修菩薩行住菩薩心思惟 (교수보살행주보살심사유)
菩薩解脫之法於菩薩住處 (보살해탈지법어보살주처)
心無所染於菩薩所行亦無 (심무소염어보살소행역무)
所著淨菩薩道受菩薩記得 (소착정보살도수보살기득)

諸 제	王 왕	誤 오	見 견	行 행	無 무	受 수
法 법	不 부	失 실	佛 불	頑 완	知 지	記 기
空 공	知 지	錯 착	不 불	嚚 은	無 무	已 이
心 심	菩 보	入 입	隨 수	貪 탐	見 견	作 작
大 대	薩 살	於 어	明 명	著 착	無 무	如 여
驚 경	恩 은	險 험	導 도	流 류	信 신	是 시
怖 포	戀 연	道 도	不 불	轉 전	無 무	念 념
遠 원	著 착	不 불	信 신	生 생	解 해	凡 범
離 리	住 주	敬 경	調 조	死 사	無 무	夫 부
正 정	處 처	十 십	御 어	不 불	聰 총	愚 우
法 법	聞 문	力 력	迷 미	求 구	敏 민	癡 치

住於邪法捨夷坦道入險難
주어사법사이탄도입험난

道棄背佛意
도기배불의

隨逐魔意於諸有中堅執
수축마의어제유중견집

不捨菩薩如是觀諸衆生增
불사보살여시관제중생증

長大悲生諸善根而無所著
장대비생제선근이무소착

菩薩爾時復作是念我當爲
보살이시부작시념아당위

一衆生於十方世界一一國
일중생어시방세계일일국

土(토)經(경)不(불)可(가)說(설)不(불)可(가)說(설)劫(겁)教(교)化(화)

成(성)熟(숙)如(여)爲(위)一(일)衆(중)生(생)爲(위)一(일)切(체)衆(중)

生(생)皆(개)亦(역)如(여)是(시)終(종)不(불)以(이)此(차)而(이)生(생)

疲(피)厭(염)捨(사)而(이)餘(여)去(거)

又(우)以(이)毛(모)端(단)徧(변)量(량)法(법)界(계)於(어)一(일)

毛(모)端(단)處(처)盡(진)不(불)可(가)說(설)不(불)可(가)說(설)劫(겁)

教(교)化(화)調(조)伏(복)一(일)切(체)衆(중)生(생)如(여)一(일)毛(모)

端處一一毛端處皆亦如是
단처일일모단처개역여시

乃至不於一彈指頃執著於
내지불어일탄지경집착어

我起我我所想於一一毛端
아기아아소상어일일모단

處盡未來劫修菩薩行不著
처진미래겁수보살행불착

身不著法不著念不著願不
신불착법불착념불착원불

著三昧不著觀察不著寂定
착삼매불착관찰불착적정

不著境界不著教化調伏衆
불착경계불착교화조복중

衆 중	別 별	切 체	菩 보	觀 관		生 생
生 생	身 신	世 세	薩 살	一 일	何 하	亦 역
如 여	如 여	間 간	行 행	切 체	以 이	復 부
心 심	幻 환	如 여	如 여	法 법	故 고	不 불
種 종	行 행	化 화	夢 몽	界 계	菩 보	著 착
種 종	力 력	業 업	佛 불	如 여	薩 살	入 입
雜 잡	所 소	報 보	說 설	幻 환	作 작	於 어
染 염	起 기	所 소	法 법	諸 제	是 시	法 법
故 고	故 고	持 지	如 여	佛 불	念 념	界 계
一 일	一 일	故 고	響 향	如 여	我 아	
切 체	切 체	差 차	一 일	影 영	應 응	

法如實際不可變異故又作 (법여실제불가변이고우작)

是念我當盡虛空偏法界於 (시념아당진허공편법계어)

十方國土中行菩薩行念念 (시방국토중행보살행념념)

明達一切佛法正念現前無 (명달일체불법정념현전무)

所取著 (소취착)

菩薩如是觀身無我見佛 (보살여시관신무아견불)

無礙爲化衆生演說諸法令 (무애위화중생연설제법령)

사경의 공덕은 십만억 부처님께 공양한 것과 같은 공덕이 있습니다.

於佛法發生無量歡喜淨信
어불법발생무량환희정신

救護一切心無疲厭無疲厭
구호일체심무피염무피염

故於一切世界若有衆生未
고어일체세계약유중생미

成就未調伏處悉詣於彼方
성취미조복처실예어피방

便化度其中衆生種種音聲
편화도기중중생종종음성

種種諸業種種取著種種施
종종제업종종취착종종시

設種種和合種種流轉種種
설종종화합종종류전종종

所(소)作(작)種(종)種(종)境(경)界(계)種(종)種(종)生(생)種(종)種(종)

歿(몰)以(이)大(대)誓(서)願(원)安(안)住(주)其(기)中(중)而(이)敎(교)

化(화)之(지)不(불)令(령)其(기)心(심)有(유)動(동)有(유)退(퇴)亦(역)

不(불)一(일)念(념)生(생)染(염)著(착)想(상)何(하)以(이)故(고)得(득)

無(무)所(소)著(착)無(무)所(소)依(의)故(고)自(자)利(리)利(리)他(타)

淸(청)淨(정)滿(만)足(족)是(시)名(명)菩(보)薩(살)摩(마)訶(하)薩(살)

第(제)七(칠)無(무)著(착)行(행)

佛子何等爲菩薩摩訶薩
불자하등위보살마하살

難得行此菩薩成就難得善
난득행차보살성취난득선

根難伏善根最勝善根不可
근난복선근최승선근불가

壞善根無能過善根不思議
괴선근무능과선근불사의

善根無盡善根自在力善根
선근무진선근자재력선근

大威德善根與一切佛同一
대위덕선근여일체불동일

性善根
성선근

此菩薩修諸行時於佛法
中得最勝解於佛菩提得廣
大解於菩薩願未曾休息盡
一切劫心無疲倦於一切苦
不生厭離一切衆魔所不能
動一切諸佛之所護念具行
一切菩薩苦行修菩薩行精

勤(근)匪(비)懈(해)於(어)大(대)乘(승)願(원)恒(항)不(불)退(퇴)轉(전)
是(시)菩(보)薩(살)安(안)住(주)此(차)難(난)得(득)行(행)已(이)
於(어)念(념)念(념)中(중)能(능)轉(전)阿(아)僧(승)祇(기)劫(겁)生(생)
死(사)而(이)不(불)捨(사)菩(보)薩(살)大(대)願(원)若(약)有(유)衆(중)
生(생)承(승)事(사)供(공)養(양)乃(내)至(지)見(견)聞(문)皆(개)於(어)
阿(아)耨(녹)多(다)羅(라)三(삼)藐(약)三(삼)菩(보)提(리)得(득)不(불)
退(퇴)轉(전)此(차)菩(보)薩(살)雖(수)了(료)衆(중)生(생)非(비)有(유)

而이 不불 捨사 一일 切체 衆중 生생 界계 譬비 如여 船선
師사 不부 住주 此차 岸안 不부 住주 彼피 岸안 不부 住주
中중 流류 而이 能능 運운 度도 此차 岸안 衆중 生생 至지
於어 彼피 岸안 以이 往왕 返반 無무 休휴 息식 故고
菩보 薩살 摩마 訶하 薩살 亦역 復부 如여 是시 不부
住주 生생 死사 不부 住주 涅열 槃반 亦역 復부 不부 住주
生생 死사 中중 流류 而이 能능 運운 度도 此차 岸안 衆중

사경의 공덕은 십만억 부처님께 공양한 것과 같은 공덕이 있습니다.

不 부	界 계	生 생	捨 사	著 착	惱 뇌	生 생
長 장	不 불	界 계	多 다	不 불	處 처	置 치
衆 중	滅 멸	不 불	衆 중	捨 사	亦 역	於 어
生 생	衆 중	減 감	生 생	一 일	不 불	彼 피
界 계	生 생	衆 중	著 착	衆 중	於 어	岸 안
不 불	界 계	生 생	一 일	生 생	衆 중	安 안
分 분	不 부	界 계	衆 중	著 착	生 생	隱 은
別 별	盡 진	不 불	生 생	多 다	數 수	無 무
衆 중	衆 중	生 생	不 부	衆 중	而 이	畏 외
生 생	生 생	衆 중	增 증	生 생	有 유	無 무
界 계	界 계	生 생	衆 중	不 불	所 소	憂 우

不(불)二(이)衆(중)生(생)界(계)

何(하)以(이)故(고)菩(보)薩(살)深(심)入(입)衆(중)生(생)界(계)

如(여)法(법)界(계)衆(중)生(생)界(계)法(법)界(계)無(무)有(유)二(이)

無(무)二(이)法(법)中(중)無(무)增(증)無(무)減(감)無(무)生(생)無(무)

滅(멸)無(무)有(유)無(무)無(무)無(무)取(취)無(무)依(의)無(무)著(착)

無(무)二(이)何(하)以(이)故(고)菩(보)薩(살)了(료)一(일)切(체)法(법)

法(법)界(계)無(무)二(이)故(고)

菩(보) 薩(살) 如(여) 是(시) 以(이) 善(선) 方(방) 便(편) 入(입) 深(심)
法(법) 界(계) 住(주) 於(어) 無(무) 相(상) 以(이) 清(청) 淨(정) 相(상) 莊(장)
嚴(엄) 其(기) 身(신) 了(료) 法(법) 無(무) 性(성) 而(이) 能(능) 分(분) 別(별)
一(일) 切(체) 法(법) 相(상) 不(불) 取(취) 衆(중) 生(생) 而(이) 能(능) 了(료)
知(지) 衆(중) 生(생) 之(지) 數(수) 不(불) 著(착) 世(세) 界(계) 而(이) 現(현)
身(신) 佛(불) 刹(찰) 不(불) 分(분) 別(별) 法(법) 而(이) 善(선) 入(입) 佛(불)
法(법) 深(심) 達(달) 義(의) 理(리) 而(이) 廣(광) 演(연) 言(언) 教(교) 了(료)

사경의 공덕은 십만억 부처님께 공양한 것과 같은 공덕이 있습니다.

一切法離欲眞際而不斷菩
일체법리욕진제이부단보

薩道不退菩薩行常勤修習
살도불퇴보살행상근수습

無盡之行自在入於清淨法
무진지행자재입어청정법

界
계

譬如鑽木以出於火火事
비여찬목이출어화화사

無量而火不滅菩薩如是化
무량이화불멸보살여시화

衆生事無有窮盡而在世間
중생사무유궁진이재세간

說 설	法 법	薩 살	菩 보	世 세	非 비	常 상
衆 중	不 불	行 행	薩 살	法 법	取 취	住 주
生 생	說 설	時 시	成 성	非 비	非 비	不 불
不 불	世 세	不 불	就 취	佛 불	不 불	滅 멸
說 설	間 간	說 설	如 여	法 법	取 취	非 비
無 무	不 불	二 이	是 시	非 비	非 비	究 구
衆 중	說 설	乘 승	難 난	凡 범	依 의	竟 경
生 생	世 세	法 법	得 득	夫 부	非 비	非 비
不 불	間 간	不 불	心 심	非 비	無 무	不 불
說 설	法 법	說 설	修 수	得 득	依 의	究 구
垢 구	不 불	佛 불	菩 보	果 과	非 비	竟 경

不說淨何以故菩薩知一切
불설정하이고보살지일체

法無染無取不轉不退故菩
법무염무취부전불퇴고보

薩於如是寂滅微妙甚深最
살어여시적멸미묘심심최

勝法中修行時亦不生念我
승법중수행시역불생념아

現修此行已修此行當修此
현수차행이수차행당수차

行不著蘊界處內世間外世
행불착온계처내세간외세

間內外世間所起大願諸波
간내외세간소기대원제바

羅蜜及一切法皆無所著
라밀급일체법개무소착

何以故法界中無有法名
하이고법계중무유법명

向聲聞乘向獨覺乘無有法
향성문승향독각승무유법

名向菩薩乘向阿耨多羅三
명향보살승향아녹다라삼

藐三菩提無有法名向凡夫
약삼보리무유법명향범부

界無有法名向染向淨向生
계무유법명향염향정향생

死向涅槃何以故諸法無二
사향열반하이고제법무이

無不二故譬如虛空於十方
무불이고비여허공어시방

中若去來今求不可得然非
중약거래금구불가득연비

無虛空菩薩如是觀一切法
무허공보살여시관일체법

皆不可得然非無一切法如
개불가득연비무일체법여

實無異不失所作普示修行
실무이불실소작보시수행

菩薩諸行不捨大願調伏衆
보살제행불사대원조복중

生轉正法輪不壞因果亦不
생전정법륜불괴인과역불

達於平等妙法普與三世諸 (위어평등묘법보여삼세제)
如來等不斷佛種不壞實相 (여래등부단불종불괴실상)
深入於法辯才無盡聞法 (심입어법변재무진문법)
不著至法淵底善能開演心 (불착지법연저선능개연심)
無所畏不捨佛住不違世法 (무소외불사불주불위세법)
普現世間而不著世間 (보현세간이불착세간)
菩薩如是成就難得智慧 (보살여시성취난득지혜)

諸 제	無 무	對 대	世 세	佛 불	衆 중	心 심
惡 악	智 지	邪 사	間 간	道 도	生 생	修 수
慧 혜	無 무	見 견	衆 중	中 중	教 교	習 습
貪 탐	有 유	執 집	生 생	令 령	化 화	諸 제
愛 애	信 신	著 착	不 부	不 부	調 조	行 행
無 무	心 심	迷 미	知 지	動 동	伏 복	於 어
明 명	隨 수	惑 혹	恩 은	搖 요	安 안	三 삼
種 종	逐 축	顚 전	報 보	復 부	置 치	惡 악
種 종	惡 악	倒 도	更 갱	作 작	三 삼	趣 취
煩 번	友 우	愚 우	相 상	是 시	世 세	拔 발
惱 뇌	起 기	癡 치	讎 수	念 념	諸 제	出 출

皆悉充滿是我所修菩薩行

處

設有知恩聰明慧解及善

知識充滿世間我不於中修

菩薩行何以故我於衆生無

所適莫無所冀望乃至不求

一縷一毫以一字讚美之

사경의 공덕은 십만억 부처님께 공양한 것과 같은 공덕이 있습니다.

言(언) 盡(진) 未(미) 來(래) 劫(겁) 修(수) 菩(보) 薩(살) 行(행) 未(미) 曾(증)

一(일) 念(념) 自(자) 爲(위) 於(어) 已(이) 但(단) 欲(욕) 度(도) 脫(탈) 一(일)

切(체) 衆(중) 生(생) 令(령) 其(기) 淸(청) 淨(정) 永(영) 得(득) 出(출) 離(리)

何(하) 以(이) 故(고) 於(어) 衆(중) 生(생) 中(중) 爲(위) 明(명) 導(도)

者(자) 法(법) 應(응) 如(여) 是(시) 不(불) 取(취) 不(불) 求(구) 但(단) 爲(위)

衆(중) 生(생) 修(수) 菩(보) 薩(살) 道(도) 令(령) 其(기) 得(득) 至(지) 安(안)

隱(은) 彼(피) 岸(안) 成(성) 阿(아) 耨(뇩) 多(다) 羅(라) 三(삼) 藐(먁) 三(삼)

菩提是名菩薩摩訶薩第八
보리시명보살마하살제팔

難得行
난득행

佛子何等爲菩薩摩訶薩
불자하등위보살마하살

善法行此菩薩爲一切世間
선법행차보살위일체세간

天人魔梵沙門婆羅門乾闥
천인마범사문바라문건달

婆等作清涼法池攝持正法
바등작청량법지섭지정법

不斷佛種得清淨光明陀羅
부단불종득청정광명다라

尼故說法授記辯才無盡得
具足義陀羅尼故義辯無盡
得覺悟實法陀羅尼故法辯
無盡得訓釋言辭陀羅尼故
辭辯無盡
得無邊文句無盡義無礙
門陀羅尼故無礙辯無盡得

사경의 공덕은 십만억 부처님께 공양한 것과 같은 공덕이 있습니다.

佛灌頂陀羅尼灌其頂故歡
불관정다라니관기정고환

喜辯無盡得不由他悟陀羅
희변무진득불유타오다라

尼門故光明辯無盡得同辯
니문고광명변무진득동변

陀羅尼門故同辯無盡得種
다라니문고동변무진득종

種義身句身文身中訓釋陀
종의신구신문신중훈석다

羅尼門故訓釋辯無盡得無
라니문고훈석변무진득무

邊旋陀羅尼故無邊辯無盡
변선다라니고무변변무진

無 무		無 무	欲 욕	色 색	生 생	
數 수	假 가	量 량	樂 락	施 시	於 어	此 차
衆 중	使 사	音 음	以 이	作 작	三 삼	菩 보
生 생	有 유	應 응	廣 광	佛 불	千 천	薩 살
共 공	不 불	時 시	長 장	事 사	大 대	大 대
會 회	可 가	說 설	舌 설	隨 수	千 천	悲 비
一 일	說 설	法 법	於 어	諸 제	世 세	堅 견
處 처	種 종	皆 개	一 일	衆 중	界 계	固 고
其 기	種 종	令 령	音 음	生 생	變 변	普 보
會 회	業 업	歡 환	中 중	根 근	身 신	攝 섭
廣 광	報 보	喜 희	現 현	性 성	金 금	衆 중

大(대) 充(충) 滿(만) 不(불) 可(가) 說(설) 世(세) 界(계) 菩(보) 薩(살) 於(어)
彼(피) 衆(중) 會(회) 中(중) 坐(좌) 是(시) 中(중) 衆(중) 生(생) 一(일) 一(일)
皆(개) 有(유) 不(불) 可(가) 說(설) 阿(아) 僧(승) 祇(지) 口(구) 一(일) 一(일)
口(구) 能(능) 出(출) 百(백) 千(천) 億(억) 那(나) 由(유) 他(타) 音(음) 同(동)
時(시) 發(발) 聲(성) 各(각) 別(별) 言(언) 辭(사) 各(각) 別(별) 所(소) 問(문)
菩(보) 薩(살) 於(어) 一(일) 念(념) 中(중) 悉(실) 能(능) 領(령) 受(수) 皆(개)
爲(위) 酬(수) 對(대) 令(령) 除(제) 疑(의) 惑(혹) 如(여) 一(일) 衆(중) 會(회)

中(중)於(어)不(불)可(가)說(설)衆(중)會(회)中(중)悉(실)亦(역)如(여)
是(시)
復(부)次(차)假(가)使(사)一(일)毛(모)端(단)處(처)念(념)念(념)
出(출)不(불)可(가)說(설)不(불)可(가)說(설)道(도)場(량)衆(중)會(회)
一(일)切(체)毛(모)端(단)處(처)皆(개)亦(역)如(여)是(시)盡(진)未(미)
來(래)劫(겁)彼(피)劫(겁)可(가)盡(진)衆(중)會(회)無(무)盡(진)是(시)
諸(제)衆(중)會(회)於(어)念(념)念(념)中(중)以(이)各(각)別(별)言(언)

辭各別所問菩薩於一念中
사각별소문보살어일념중

悉能領受無怖無怯無疑無
실능령수무포무겁무의무

謬而作是念
류이작시념

設一切衆生以如是語業
설일체중생이여시어업

俱來問我我爲說法無斷無
구래문아아위설법무단무

盡皆令歡喜住於善道復令
진개령환희주어선도부령

善解一切言辭能爲衆生說
선해일체언사능위중생설

種(종)種(종)法(법)而(이)於(어)言(언)語(어)無(무)所(소)分(분)別(별)

假(가)使(사)不(불)可(가)說(설)不(불)可(가)說(설)種(종)種(종)言(언)

辭(사)而(이)來(래)問(문)難(난)一(일)念(념)悉(실)領(령)一(일)音(음)

咸(함)答(답)普(보)使(사)開(개)悟(오)無(무)有(유)遺(유)餘(여)以(이)

得(득)一(일)切(체)智(지)灌(관)頂(정)故(고)以(이)得(득)無(무)礙(애)

藏(장)故(고)以(이)得(득)一(일)切(체)法(법)圓(원)滿(만)光(광)明(명)

故(고)具(구)足(족)一(일)切(체)智(지)智(지)故(고)

佛(불)子(자)此(차)菩(보)薩(살)摩(마)訶(하)薩(살)安(안)住(주)
善(선)法(법)行(행)已(이)能(능)自(자)清(청)淨(정)亦(역)能(능)以(이)
無(무)所(소)著(착)方(방)便(편)而(이)普(보)饒(요)益(익)一(일)切(체)
衆(중)生(생)不(불)見(견)有(유)衆(중)生(생)得(득)出(출)離(리)者(자)
如(여)於(어)此(차)三(삼)千(천)大(대)千(천)世(세)界(계)如(여)是(시)
乃(내)至(지)於(어)不(불)可(가)說(설)三(삼)千(천)大(대)千(천)世(세)
界(계)變(변)身(신)金(금)色(색)妙(묘)音(음)具(구)足(족)於(어)一(일)

切法無所障礙而作佛事

체법무소장애이작불사

佛子此菩薩摩訶薩成就

불자차보살마하살성취

十種身所謂入無邊法界非

십종신소위입무변법계비

趣身滅一切世間故入無邊

취신멸일체세간고입무변

法界諸趣身生一切世間故

법계제취신생일체세간고

不生身住無生平等法故不

불생신주무생평등법고불

滅身一切滅言說不可得故

멸신일체멸언설불가득고

不實身得如實故不妄身隨
부실신득여실고불망신수

應現故不遷身離死此生彼
응현고불천신리사차생피

故不壞身法界性無壞故一
고불괴신법계성무괴고일

相身三世語言道斷故無相
상신삼세어언도단고무상

身善能觀察法相故菩薩成
신선능관찰법상고보살성

就如是十種身爲一切衆生
취여시십종신위일체중생

舍長養一切善根故爲一切
사장양일체선근고위일체

衆(중)生(생)救(구)令(령)其(기)得(득)大(대)安(안)隱(은)故(고)爲(위)
一(일)切(체)衆(중)生(생)歸(귀)與(여)其(기)作(작)大(대)依(의)處(처)
故(고)爲(위)一(일)切(체)衆(중)生(생)導(도)令(령)得(득)無(무)上(상)
出(출)離(리)故(고)爲(위)一(일)切(체)衆(중)生(생)師(사)令(령)入(입)
眞(진)實(실)法(법)中(중)故(고)爲(위)一(일)切(체)衆(중)生(생)燈(등)
令(령)其(기)明(명)見(견)業(업)報(보)故(고)爲(위)一(일)切(체)衆(중)
生(생)光(광)令(령)照(조)甚(심)深(심)妙(묘)法(법)故(고)爲(위)一(일)

切三世炬令其曉悟實法故
체삼세거령기효오실법고

爲一切世間照令入光明地
위일체세간조령입광명지

中故爲一切諸趣明示現如
중고위일체제취명시현여

來自在故
래자재고

佛子是名菩薩摩訶薩第
불자시명보살마하살제

九善法行菩薩安住此行爲
구선법행보살안주차행위

一切衆生作淸凉法池能盡
일체중생작청량법지능진

사경의 공덕은 십만억 부처님께 공양한 것과 같은 공덕이 있습니다.

一切佛法源故
일체불법원고

佛子何等爲菩薩摩訶薩
불자하등위보살마하살

眞實行此菩薩成就第一誠
진실행차보살성취제일성

諦之語如說能行如行能說
제지어여설능행여행능설

此菩薩學三世諸佛眞實語
차보살학삼세제불진실어

入三世諸佛種性與三世諸
입삼세제불종성여삼세제

佛善根同等得三世諸佛無
불선근동등득삼세제불무

二語
이어

隨如來學智慧成就
수여래학지혜성취

此菩薩成就知衆生是處
차보살성취지중생시처

非處智去來現在業報智諸
비처지거래현재업보지제

根利鈍智種種界智種種解
근리둔지종종계지종종해

智一切至處道智諸禪解脫
지일체지처도지제선해탈

三昧垢淨起時非時智一切
삼매구정기시비시지일체

世界宿住隨念智天眼智漏
세계숙주수념지천안지누

盡智而不捨一切菩薩行何
진지이불사일체보살행하

以故欲敎化一切衆生悉令
이고욕교화일체중생실령

淸淨故
청정고

此菩薩復生如是增上心
차보살부생여시증상심

若我不令一切衆生住無上
약아불령일체중생주무상

解脫道而我先成阿耨多羅
해탈도이아선성아뇩다라

三藐三菩提者則違我本願
삼먁삼보리자즉위아본원

是所不應是故要當先令一切衆生得無上菩提無餘涅槃然後成佛何以故非衆生請我發心我自爲衆生作不請之友欲先令一切衆生滿足善根成一切智是故我爲最勝不著一切

시소불응시고요당선령일체중생득무상보리무여열반연후성불하이고비중생청아발심아자위중생작불청지우욕선령일체중생만족선근성일체지시고아위최승불착일체

世間故我爲最上住無上調
세간고아위최상주무상조

御地故我爲離翳解衆生無
어지고아위리예해중생무

際故我爲已辨本願成就故
제고아위이판본원성취고

我爲善變化菩薩功德莊嚴
아위선변화보살공덕장엄

故我爲善依怙三世諸佛攝
고아위선의호삼세제불섭

受故
수고

此菩薩摩訶薩不捨本願
차보살마하살불사본원

故得入無上智慧莊嚴利益
고득입무상지혜장엄리익

衆生悉令滿足隨本誓願皆
중생실령만족수본서원개

得究竟於一切法中智慧自
득구경어일체법중지혜자

在令一切衆生普得淸淨
재령일체중생보득청정

念念徧遊十方世界念念
염념변유시방세계념념

普詣不可說不可說諸佛國
보예불가설불가설제불국

土念念悉見不可說不可說
토념념실견불가설불가설

諸佛及佛莊嚴淸淨國土示
제불급불장엄청정국토시

現如來自在神力普徧法界
현여래자재신력보변법계

虛空界
허공계

此菩薩現無量身普入世
차보살현무량신보입세

間而無所依於其身中現一
간이무소의어기신중현일

切刹一切衆生一切諸法一
체찰일체중생일체제법일

切諸佛此菩薩知衆生種種
체제불차보살지중생종종

想種種欲種種解種種業報
상종종욕종종해종종업보

種種善根隨其所應爲現其
종종선근수기소응위현기

身而調伏之
신이조복지

觀諸菩薩如幻一切法如
관제보살여환일체법여

化佛出世如影一切世間如
화불출세여영일체세간여

夢得義身文身無盡藏正念
몽득의신문신무진장정념

自在決定了知一切諸法智
자재결정요지일체제법지

사경의 공덕은 십만억 부처님께 공양한 것과 같은 공덕이 있습니다.

慧最勝入一切三昧眞實相
혜최승입일체삼매진실상

住一性無二地
주일성무이지

菩薩摩訶薩以諸衆生皆
보살마하살이제중생개

著於二安住大悲修行如是
착어이안주대비수행여시

寂滅之法得佛十力入因陀
적멸지법득불십력입인다

羅網法界成就如來無礙解
라망법계성취여래무애해

脫人中雄猛大師子吼得無
탈인중웅맹대사자후득무

所소 畏외 能능 轉전 無무 礙애 清청 淨정 法법 輪륜 得득

智지 慧혜 解해 脫탈 了료 知지 一일 切체 世세 間간 境경

界계 絶절 生생 死사 廻회 流류 入입 智지 慧혜 大대 海해

爲위 一일 切체 衆중 生생 護호 持지 三삼 世세 諸제 佛불

正정 法법 到도 一일 切체 佛불 法법 海해 實실 相상 源원

底저

菩보 薩살 住주 此차 眞진 實실 行행 已이 一일 切체

世間天人魔梵沙門婆羅門
세간천인마범사문바라문

乾闥婆阿修羅等有親近者
건달바아수라등유친근자

皆令開悟歡喜清淨是名菩
개령개오환희청정시명보

薩摩訶薩第十眞實行
살마하살제십진실행

爾時佛神力故十方各有
이시불신력고시방각유

佛刹微塵數世界六種震動
불찰미진수세계육종진동

所謂動徧動等徧動起徧起
소위동변동등변동기변기

等 등 偏 변 起 기 涌 용 偏 변 涌 용 等 등 偏 변 涌 용 震 진 偏 변

震 진 等 등 偏 변 震 진 吼 후 偏 변 吼 후 等 등 偏 변 吼 후 擊 격

偏 변 擊 격 等 등 偏 변 擊 격 雨 우 天 천 妙 묘 華 화 天 천 香 향

天 천 末 말 香 향 天 천 鬘 만 天 천 衣 의 天 천 寶 보 天 천 莊 장

嚴 엄 具 구 奏 주 天 천 樂 락 音 음 放 방 天 천 光 광 明 명

演 연 暢 창 諸 제 天 천 微 미 妙 묘 音 음 聲 성 如 여 此 차

世 세 界 계 夜 야 摩 마 天 천 宮 궁 說 설 十 십 行 행 法 법 所 소

現神變十方世界悉亦如是
현신변시방세계실역여시

復以佛神力故十方各過十
부이불신력고시방각과십

萬佛刹微塵數世界外有十
만불찰미진수세계외유십

萬佛刹微塵數菩薩俱來詣
만불찰미진수보살구래예

此土充滿十方語功德林菩
차토충만시방어공덕림보

薩言
살언

佛子善哉善哉善能演說
불자선재선재선능연설

諸菩薩行我等一切同名功
제보살행아등일체동명공

德林所住世界皆名功德幢
덕림소주세계개명공덕당

彼土如來同名普功德我等
피토여래동명보공덕아등

佛所亦說此法衆會眷屬言
불소역설차법중회권속언

辭義理悉亦如是無有增減
사의리실역여시무유증감

佛子我等皆承佛神力來入
불자아등개승불신력래입

此會爲汝作證十方世界悉
차회위여작증시방세계실

사경의 공덕은 십만억 부처님께 공양한 것과 같은 공덕이 있습니다.

亦(역)如(여)是(시)

爾(이)時(시)功(공)德(덕)林(림)菩(보)薩(살)承(승)佛(불)神(신)

力(력)普(보)觀(관)十(시)方(방)一(일)切(체)衆(중)會(회)暨(기)于(우)

法(법)界(계)欲(욕)令(령)佛(불)種(종)性(성)不(부)斷(단)故(고)欲(욕)

令(령)菩(보)薩(살)種(종)性(성)淸(청)淨(정)故(고)欲(욕)令(령)願(원)

種(종)性(성)不(불)退(퇴)轉(전)故(고)欲(욕)令(령)行(행)種(종)性(성)

常(상)相(상)續(속)故(고)欲(욕)令(령)三(삼)世(세)種(종)性(성)悉(실)

平等故欲攝三世一切佛種 (평등고욕섭삼세일체불종)
性故欲開演所種諸善根故 (성고욕개연소종제선근고)
欲觀察一切諸根故欲解煩 (욕관찰일체제근고욕해번)
惱習氣心行所作故欲照了 (뇌습기심행소작고욕조료)
一切佛菩提故而說頌言 (일체불보리고이설송언)

一心敬禮十力尊 (일심경례십력존)
離垢清淨無礙見 (이구청정무애견)

境界深遠無倫匹
경계심원무륜필

住如虛空道中者
주여허공도중자

過去人中諸最勝
과거인중제최승

功德無量無所著
공덕무량무소착

勇猛第一無等倫
용맹제일무등륜

彼離塵者行斯道
피리진자행사도

現在十方諸國土
현재시방제국토

善能開演第一義 (선능개연제일의)
離諸過惡最清淨 (이제과오최청정)
彼無依者行斯道 (피무의자행사도)
未來所有人師子 (미래소유인사자)
周徧遊行於法界 (주변유행어법계)
已發諸佛大悲心 (이발제불대비심)
彼饒益者行斯道 (피요익자행사도)

三世所有無比尊
삼세소유무비존

自然除滅愚癡暗
자연제멸우치암

於一切法皆平等
어일체법개평등

彼大力人行此道
피대력인행차도

普見無量無邊界
보견무량무변계

一切諸有及諸趣
일체제유급제취

見已其心不分別
견이기심불분별

사경의 공덕은 십만억 부처님께 공양한 것과 같은 공덕이 있습니다.

彼無動者行斯道 (피무동자행사도)

法界所有皆明了 (법계소유개명료)

於第一義最淸淨 (어제일의최청정)

永破瞋慢及愚癡 (영파진만급우치)

彼功德者行斯道 (피공덕자행사도)

於諸衆生善分別 (어제중생선분별)

悉入法界眞實性 (실입법계진실성)

自然覺悟不由他 (자연각오불유타)
彼等空者行斯道 (피등공자행사도)
盡空所有諸國土 (진공소유제국토)
悉往說法廣開諭 (실왕설법광개유)
所說淸淨無能壞 (소설청정무능괴)
彼勝牟尼行此道 (피승모니행차도)
具足堅固不退轉 (구족견고불퇴전)

成就尊重最勝法
성취존중최승법

願力無盡到彼岸
원력무진도피안

彼善修者所行道
피선수자소행도

無量無邊一切地
무량무변일체지

廣大甚深妙境界
광대심심묘경계

悉能知見靡有遺
실능지견미유유

彼論師子所行道
피론사자소행도

一切句義皆明了 일체구의개명료
所有異論悉摧伏 소유이론실최복
於法決定無所疑 어법결정무소의
彼大牟尼行此道 피대모니행차도
遠離世間諸過患 원리세간제과환
普與衆生安隱樂 보여중생안은락
能爲無等大導師 능위무등대도사

彼勝德者行斯道
피승덕자행사도

恒以無畏施衆生
항이무외시중생

普令一切皆欣慶
보령일체개흔경

其心淸淨離染濁
기심청정리염탁

彼無等者行斯道
피무등자행사도

意業淸淨極調善
의업청정극조선

離諸戲論無口過
이제희론무구과

威光圓滿衆所欽
위광원만중소흠

彼最勝者行斯道
피최승자행사도

入眞實義到彼岸
입진실의도피안

住功德處心永寂
주공덕처심영적

諸佛護念恒不忘
제불호념항불망

彼滅有者行斯道
피멸유자행사도

遠離於我無惱害
원리어아무뇌해

恒以大音宣正法
항이대음선정법

十方國土靡不周
시방국토미부주

彼絶譬者行斯道
피절비자행사도

檀波羅蜜已成滿
단바라밀이성만

百福相好所莊嚴
백복상호소장엄

衆生見者皆欣悅
중생견자개흔열

彼最勝慧行斯道
피최승혜행사도

智地甚深難可入
지지심심난가입

能以妙慧善安住
능이묘혜선안주

其心究竟不動搖
기심구경부동요

彼堅固行行斯道
피견고행행사도

法界所有悉能入
법계소유실능입

隨所入處咸究竟
수소입처함구경

神通自在靡不該
신통자재미불해

彼法光明行此道 (피법광명행차도)

諸無等等大牟尼 (제무등등대모니)

勤修三昧無二相 (근수삼매무이상)

心常在定樂寂靜 (심상재정락적정)

彼普見者行斯道 (피보견자행사도)

微細廣大諸國土 (미세광대제국토)

更相涉入各差別 (갱상섭입각차별)

如其境界悉了知 (여기경계실료지)
彼智山王行此道 (피지산왕행차도)
意常明潔離諸垢 (의상명결리제구)
於三界中無所著 (어삼계중무소착)
護持衆戒到彼岸 (호지중계도피안)
此淨心者行斯道 (차정심자행사도)
智慧無邊不可說 (지혜무변불가설)

普徧法界虛空界
보변법계허공계

善能修學住其中
선능수학주기중

彼金剛慧行斯道
피금강혜행사도

三世一切佛境界
삼세일체불경계

智慧善入悉周徧
지혜선입실주변

未嘗暫起疲厭心
미상잠기피염심

彼最勝者行斯道
피최승자행사도

我 아	所 소	十 시	彼 피	身 신	了 요	善 선
皆 개	有 유	方 방	功 공	業 업	知 지	能 능
救 구	一 일	無 무	德 덕	無 무	一 일	分 분
護 호	切 체	量 량	身 신	礙 애	切 체	別 별
而 이	諸 제	無 무	行 행	得 득	至 지	十 십
不 불	衆 중	邊 변	此 차	自 자	處 처	力 력
捨 사	生 생	界 계	道 도	在 재	道 도	法 법

彼無畏者行斯道
피무외자행사도

於諸佛法勤修習
어제불법근수습

心常精進不懈倦
심상정진불해권

淨治一切諸世間
정치일체제세간

彼大龍王行此道
피대룡왕행차도

了知衆生根不同
요지중생근부동

欲解無量各差別
욕해무량각차별

種(종)種(종)諸(제)界(계)皆(개)明(명)達(달)
此(차)普(보)入(입)者(자)行(행)斯(사)道(도)
十(시)方(방)世(세)界(계)無(무)量(량)剎(찰)
悉(실)往(왕)受(수)生(생)無(무)有(유)數(수)
未(미)曾(증)一(일)念(념)生(생)疲(피)厭(염)
彼(피)歡(환)喜(희)者(자)行(행)斯(사)道(도)
普(보)放(방)無(무)量(량)光(광)明(명)網(망)

照耀一切諸世間 (조요일체제세간)
其光所照入法性 (기광소조입법성)
此善慧者行斯道 (차선혜자행사도)
震動十方諸國土 (진동시방제국토)
無量億數那由他 (무량억수나유타)
不令衆生有驚怖 (불령중생유경포)
此利世者所行道 (차리세자소행도)

善解一切語言法 (선해일체어언법)

問難酬對悉究竟 (문난수대실구경)

聰哲辯慧靡不知 (총철변혜미부지)

此無畏者所行道 (차무외자소행도)

善解覆仰諸國土 (선해부앙제국토)

分別思惟得究竟 (분별사유득구경)

悉使住於無盡地 (실사주어무진지)

此勝慧者所行道
차승혜자소행도

功德無量那由他
공덕무량나유타

爲求佛道皆修習
위구불도개수습

於其一切到彼岸
어기일체도피안

此無盡行所行道
차무진행소행도

超出世間大論師
초출세간대론사

辯才第一師子吼
변재제일사자후

普使群生到彼岸
此淨心者所行道
諸佛灌頂第一法
已得此法灌其頂
心恒安住正法門
彼廣大心行此道
一切衆生無量別

사경의 공덕은 십만억 부처님께 공양한 것과 같은 공덕이 있습니다.

了達其心悉周徧
요달기심실주변

決定護持佛法藏
결정호지불법장

彼如須彌行此道
피여수미행차도

能於一一語言中
능어일일어언중

普爲示現無量音
보위시현무량음

令彼衆生隨類解
영피중생수류해

此無礙見行斯道
차무애견행사도

一切文字語言法(일체문자어언법)
智皆善入不分別(지개선입불분별)
住於眞實境界中(주어진실경계중)
此見性者所行道(차견성자소행도)
安住甚深大法海(안주심심대법해)
善能印定一切法(선능인정일체법)
了法無相眞實門(요법무상진실문)

此見實者所行道
차견실자소행도

一一佛土皆往詣
일일불토개왕예

盡於無量無邊劫
진어무량무변겁

觀察思惟靡暫停
관찰사유미잠정

此匪懈者所行道
차비해자소행도

無量無數諸如來
무량무수제여래

種種各號各不同
종종각호각부동

於一毛端悉明見 (어일모단실명견)
此淨福者所行道 (차정복자소행도)
一毛端處見諸佛 (일모단처견제불)
其數無量不可說 (기수무량불가설)
一切法界悉亦然 (일체법계실역연)
彼諸佛子行斯道 (피제불자행사도)
無量無邊無數劫 (무량무변무수겁)

於一念中悉明見
어 일 념 중 실 명 견

知其修促無定相
지 기 수 촉 무 정 상

此解脫行所行道
차 해 탈 행 소 행 도

能令見者無空過
능 령 견 자 무 공 과

皆於佛法種因緣
개 어 불 법 종 인 연

而於所作心無著
이 어 소 작 심 무 착

彼諸最勝所行道
피 제 최 승 소 행 도

那由他劫常遇佛
나유타겁상우불

終不一念生疲厭
종불일념생피염

其心歡喜轉更增
기심환희전갱증

此不空見所行道
차불공견소행도

盡於無量無邊劫
진어무량무변겁

觀察一切衆生界
관찰일체중생계

未曾見有一衆生
미증견유일중생

此堅固士所行道 (차견고사소행도)
修習無邊福智藏 (수습무변복지장)
普作清涼功德池 (보작청량공덕지)
利益一切諸群生 (이익일체제군생)
彼第一人行此道 (피제일인행차도)
法界所有諸品類 (법계소유제품류)
普徧虛空無數量 (보변허공무수량)

了彼皆依言說住
此師子吼所行道
能於一一三昧中
普入無數諸三昧
悉至法門幽奧處
此論月者行斯道
忍力勤修到彼岸

사경의 공덕은 십만억 부처님께 공양한 것과 같은 공덕이 있습니다.

能忍最勝寂滅法
능인최승적멸법

其心平等不動搖
기심평등부동요

此無邊智所行道
차무변지소행도

於一世界一坐處
어일세계일좌처

其身不動恒寂然
기신부동항적연

而於一切普現身
이어일체보현신

彼無邊身行此道
피무변신행차도

無量無邊諸國土 (무량무변제국토)
悉令共入一塵中 (실령공입일진중)
普得包容無障礙 (보득포용무장애)
彼無邊思行此道 (피무변사행차도)
了達是處及非處 (요달시처급비처)
於諸力處普能入 (어제력처보능입)
成就如來最上力 (성취여래최상력)

彼第一力所行道 (피제일력소행도)

過去未來現在世 (과거미래현재세)

無量無邊諸業報 (무량무변제업보)

恒以智慧悉了知 (항이지혜실료지)

此達解者所行道 (차달해자소행도)

了達世間時非時 (요달세간시비시)

如應調伏諸衆生 (여응조복제중생)

悉順其宜而不失
실순기의이불실

此善了者所行道
차선료자소행도

善守身語及意業
선수신어급의업

恒令依法而修行
항령의법이수행

離諸取著降衆魔
이제취착항중마

此智心者所行道
차지심자소행도

於諸法中得善巧
어제법중득선교

能入眞如平等處
능입진여평등처

辯才宣說無有窮
변재선설무유궁

此佛行者所行道
차불행자소행도

陀羅尼門已圓滿
다라니문이원만

善能安住無礙藏
선능안주무애장

於諸法界悉通達
어제법계실통달

此深入者所行道
차심입자소행도

三世所有一切佛 (삼세소유일체불)
悉與等心同智慧 (실여등심동지혜)
一性一相無有殊 (일성일상무유수)
此無礙種所行道 (차무애종소행도)
已決一切愚癡膜 (이결일체우치막)
深入廣大智慧海 (심입광대지혜해)
普施衆生淸淨眼 (보시중생청정안)

此有目者所行道 (차유목자소행도)
已具一切諸導師 (이구일체제도사)
平等神通無二行 (평등신통무이행)
獲於如來自在力 (획어여래자재력)
此善修者所行道 (차선수자소행도)
偏遊一切諸世間 (변유일체제세간)
普雨無邊妙法雨 (보우무변묘법우)

悉令於義得決了
실령어의득결료

此法雲者所行道
차법운자소행도

能於佛智及解脫
능어불지급해탈

深生淨信永不退
심생정신영불퇴

以信而生智慧根
이신이생지혜근

此善學者所行道
차선학자소행도

能於一念悉了知
능어일념실료지

一切衆生無有餘
일체중생무유여

了彼衆生心自性
요피중생심자성

達無性者所行道
달무성자소행도

法界一切諸國土
법계일체제국토

悉能化往無有數
실능화왕무유수

其身最妙絕等倫
기신최묘절등륜

此無比行所行道
차무비행소행도

사경의 공덕은 십만억 부처님께 공양한 것과 같은 공덕이 있습니다.

佛刹無邊無有數
불찰무변무유수

無量諸佛在其中
무량제불재기중

菩薩於彼悉現前
보살어피실현전

親近供養生尊重
친근공양생존중

菩薩能以獨一身
보살능이독일신

入於三昧而寂定
입어삼매이적정

令見其身無有數
영견기신무유수

一一皆從三昧起
일일개종삼매기

菩薩所住最深妙
보살소주최심묘

所行所作超戲論
소행소작초희론

其心淸淨常悅樂
기심청정상열락

能令衆生悉歡喜
능령중생실환희

諸根方便各差別
제근방편각차별

能以智慧悉明見
능이지혜실명견

而了諸根無所依
이료제근무소의

調難調者所行道
조난조자소행도

能以方便巧分別
능이방편교분별

於一切法得自在
어일체법득자재

十方世界各不同
시방세계각부동

悉在其中作佛事
실재기중작불사

諸根微妙行亦然
제근미묘행역연

사경의 공덕은 십만억 부처님께 공양한 것과 같은 공덕이 있습니다.

能爲衆生廣說法
능위중생광설법

誰其聞者不欣慶
수기문자불흔경

此等虛空所行道
차등허공소행도

智眼清淨無與等
지안청정무여등

於一切法悉明見
어일체법실명견

如是智慧巧分別
여시지혜교분별

此無等者所行道
차무등자소행도

所有無盡廣大福
소유무진광대복

一切修行使究竟
일체수행사구경

令諸衆生悉清淨
영제중생실청정

此無比者所行道
차무비자소행도

普勸修成助道法
보권수성조도법

悉令得住方便地
실령득주방편지

度脫衆生無有數
도탈중생무유수

未曾暫起衆生想
미증잠기중생상

一切機緣悉觀察
일체기연실관찰

先護彼意令無諍
선호피의령무쟁

普示衆生安隱處
보시중생안은처

此方便者所行道
차방편자소행도

成就最上第一智
성취최상제일지

具足無量無邊智
구족무량무변지

사경의 공덕은 십만억 부처님께 공양한 것과 같은 공덕이 있습니다.

於諸四衆無所畏 (어제사중무소외)
此方便智所行道 (차방편지소행도)
一切世界及諸法 (일체세계급제법)
悉能偏入得自在 (실능변입득자재)
亦入一切衆會中 (역입일체중회중)
度脫群生無有數 (도탈군생무유수)
十方一切國土中 (시방일체국토중)

擊大法鼓悟群生
격대법고오군생

爲法施主最無上
위법시주최무상

此不滅者所行道
차불멸자소행도

一身結跏而正坐
일신결가이정좌

充滿十方無量刹
충만시방무량찰

而令其身不迫隘
이령기신불박애

此法身者所行道
차법신자소행도

能於一義一文中 (능어일의일문중)

演說無量無邊法 (연설무량무변법)

而於邊際不可得 (이어변제불가득)

此無邊智所行道 (차무변지소행도)

於佛解脫善修學 (어불해탈선수학)

得佛智慧無障礙 (득불지혜무장애)

成就無畏爲世雄 (성취무외위세웅)

此方便者所行道
了知十方世界海
亦知一切佛刹海
智海法海悉了知
衆生見者咸欣慶
或現入胎及初生
或現道場成正覺

如是皆令世間見 (여시개령세간견)
此無邊者所行道 (차무변자소행도)
無量億數國土中 (무량억수국토중)
示現其身入涅槃 (시현기신입열반)
實不捨願歸寂滅 (실불사원귀적멸)
此雄論者所行道 (차웅론자소행도)
堅固微密一妙身 (견고미밀일묘신)

與佛平等無差別
여불평등무차별

隨諸衆生各異見
수제중생각이견

一實身者所行道
일실신자소행도

法界平等無差別
법계평등무차별

具足無量無邊義
구족무량무변의

樂觀一相心不移
낙관일상심불이

三世智者所行道
삼세지자소행도

於諸衆生及佛法
어제중생급불법

建立加持悉究竟
건립가지실구경

所有持力同於佛
소유지력동어불

最上持者行斯道
최상지자행사도

神足無礙猶如佛
신족무애유여불

天眼無礙最清淨
천안무애최청정

耳根無礙善聽聞
이근무애선청문

此無礙意所行道 (차무애의소행도)

所有神通皆具足 (소유신통개구족)

隨其智慧悉成就 (수기지혜실성취)

善知一切靡所儔 (선지일체미소주)

此賢智者所行道 (차현지자소행도)

其心正定不搖動 (기심정정불요동)

其智廣大無邊際 (기지광대무변제)

所有境界皆明達
소유경계개명달

一切見者所行道
일체견자소행도

已到一切功德岸
이도일체공덕안

能隨次第度衆生
능수차제도중생

其心畢竟無厭足
기심필경무염족

此常勤者所行道
차상근자소행도

三世所有諸佛法
삼세소유제불법

사경의 공덕은 십만억 부처님께 공양한 것과 같은 공덕이 있습니다.

於 어	從 종	彼 피	隨 수	乖 괴	常 상	無 무
此 차	於 어	諸 제	順 순	違 위	能 능	邊 변
一 일	如 여	佛 불	言 언	談 담	趣 취	慧 혜
切 체	來 래	子 자	辭 사	論 론	向 향	者 자
咸 함	種 종	行 행	已 이	善 선	佛 불	所 소
知 지	性 성	斯 사	成 성	摧 최	菩 보	行 행
見 견	生 생	道 도	就 취	伏 복	提 리	道 도

사경의 공덕은 십만억 부처님께 공양한 것과 같은 공덕이 있습니다.

一光照觸無涯限 (일광조촉무애한)
十方國土悉充徧 (시방국토실충변)
普使世間得大明 (보사세간득대명)
此破暗者所行道 (차파암자소행도)
隨其應見應供養 (수기응견응공양)
爲現如來淸淨身 (위현여래청정신)
敎化衆生百千億 (교화중생백천억)

莊嚴佛刹亦如是
장엄불찰역여시

爲令衆生出世間
위령중생출세간

一切妙行皆修習
일체묘행개수습

此行廣大無邊際
차행광대무변제

云何而有能知者
운하이유능지자

假使分身不可說
가사분신불가설

而與法界虛空等
이여법계허공등

悉共稱揚彼功德
실공칭양피공덕

百千萬劫無能盡
백천만겁무능진

菩薩功德無有邊
보살공덕무유변

一切修行皆具足
일체수행개구족

假使無量無邊佛
가사무량무변불

於無量劫說不盡
어무량겁설부진

何況世間天及人
하황세간천급인

사경의 공덕은 십만억 부처님께 공양한 것과 같은 공덕이 있습니다.

一切聲聞及緣覺
일체성문급연각

能於無量無邊劫
능어무량무변겁

讚歎稱揚得究竟
찬탄칭양득구경

發 願 文

귀의 삼보하옵고

거룩하신 부처님께 발원하옵나이다.

주　소 : ______________________

전　화 : __________ 불 명 : __________ 성 명 : __________

불기 25 ______ 년 ______ 월 ______ 일